KOLORY
I
LICZBY

Książki autorstwa Louise Hay
wydane nakładem Wydawnictwa Medium:

Możesz uzdrowić swoje życie
Podstawowa książka L. Hay, w której uświadamia, że wszystko, co dzieje się w twoim życiu, jest twoim dziełem. A więc także ty możesz zmienić to, co ci nie odpowiada. W rozdziale *Lista* autorka przytacza pełną treść swojej pierwszej książki *Ulecz swoje ciało.*

Pokochaj siebie, ulecz swoje życie
Ćwiczenia oparte na książce *Możesz uzdrowić swoje życie.* Ułożone tematycznie, pozwalają systematycznie pracować nad kolejnymi sferami życia.

Poznaj moc, która jest w tobie
Kontynuacja książki *Możesz uzdrowić swoje życie* zbierająca nowe idee, które pojawiły się po latach od jej wydania.

Życie! Refeksje na temat naszej drogi życiowej
Ciąg dalszy dwóch powyższych książek, napisany w odpowiedzi na pytania o sens naszej egzystencji i doświadczeń, zadawane przez uczestników wykładów i seminariów autorki.

Medytacje leczące duszę i ciało
Zbiór medytacji i afrmacji dotyczących każdej sfery życia ludzkiego, który pomoże ci zastanowić się nad tym, w co naprawdę wierzysz i dlaczego.

Twoja wewnętrzna moc. Poradnik udanego życia dla kobiet
Stereotypy dotyczące roli i pozycji kobiet w społeczeństwie osłabiają ich wiarę w siebie i prowadzą do samoograniczenia. Tracą na tym wszyscy – całe życie na naszej planecie.

Kolory i liczby. Twój osobisty przewodnik po pozytywnych wibracjach w codziennym życiu
Z każdym dniem, miesiącem i rokiem zmieniają się wibracje liczb i odpowiadających im kolorów. Jak wykorzystać te zmieniające się energie, by wspomagały nasze siły?

Cuda zdarzają się co dzień
Inspirujące świadectwo tego, jak skuteczne są metody pracy wewnętrznej proponowane w książkach L. Hay. W listach do autorki czytelnicy opisują cudowne zmiany w życiu spowodowane zmianą sposobu myślenia o sobie i świecie.

LOUISE L.HAY

KOLORY
I
LICZBY

Twój osobisty przewodnik po pozytywnych wibracjach w codziennym życiu

Przełożyła Ula Krawczyk

MEDIUM
Wydawnictwo Medium

Tytuł oryginału: *Colors & Numbers*

Opracowanie graficzne: Oliwia Doroszewska
zdjęcia: pixmac.pl
Redakcja: Anna Jutta-Walenko
Skład i łamanie: Katarzyna Lubańska

Wydawnictwo MEDIUM Sp. z o.o.
ul. Diamentowa 11, Czarnów 172/2
05-510 Konstancin-Jeziorna
e-mail: sekretariat@medium.com.pl
tel. 22 754-62-16

Sprzedaż wysyłkowa:
tel. 22 754-62-16, kom. 600 315 463
http://www.medium.com.pl

ISBN: 978-83-61987-20-8

Kolory i liczby w pigułce

LICZBA	KOLOR	KAMIEŃ /METAL SZLACHETNY	KLUCZOWE SŁOWO
1	Czerwony	rubin	początki
2	pomarańczowy	kamień księżycowy	współpraca
3	żółty	topaz	przyjemność
4	zielony	szmaragd/jadeit	praktyczność
5	niebieski	turkus/akwamaryn	zmiana
6	indygo	perła/szafir/lazuryt	odpowiedzialność
7	purpurowy/ fioletowy	ametyst	wiara
8	beżowy/brązowy/ różowy	diament	osiągnięcie
9	wszystkie pastele	opale/złoto	zakończenie
11/2	czarny/biały lub perłowoszary	srebro	intuicja
22/4	koralowy/ rudobrunatny	koral/miedź	wspaniałość

Kolory i liczby

Nauka o kolorach jest fascynująca. Kolory otaczają nas zawsze i nawet to, co określamy jako „bezbarwne", ma kolor. Trudno wyobrazić sobie świat bez kolorów.

Kiedy zastanawiamy się nad pojęciem koloru, prawdopodobnie od razu na myśl przychodzi nam natura. Wypatrujemy pierwszej delikatnej zieleni – zwiastuna wiosny. Na widok krokusów i żonkili, które przebijają się przez rozmarzającą ziemię, robi nam się cieplej na sercu. Dzięki bujnemu rozkwitowi zieleni i kolorom pełni lata możemy poczuć obfitość ziemi. Potem przychodzi wspaniała feeria barw jesieni: żółtych, pomarańczowych i czerwonych. Gdy one przeminą, nadchodzi zima ze spokojną białą pokrywą śnieżną oraz szarymi pniami i gałęziami drzew. A potem znów czekamy na wiosnę.

Ileż to razy patrzyliśmy na wschód lub zachód słońca i zachwycaliśmy się niewiarygodnymi kolorami! Widok wschodu słońca na pustyni porusza do głębi. Od wczesnego świtu, przez południe i zmierzch, aż do północy pojawiają się tysiące odcieni światła i koloru. A gdy choć przez chwilę popatrzymy na błękit nieba, czujemy spokój niezmierzonego przestworu. Kolory nie tylko spełniają w naszym życiu funkcję dekoracyjną, lecz także pod wieloma względami wywierają na nas silny wpływ.

Mimo że kolor jest istotnym elementem życia, większość z nas nie wie zbyt wiele o korzyściach, jakie płyną ze świadomego stosowania koloru. A tymczasem każda barwa wibruje energią, którą możemy wykorzystać, aby poprawić jakość naszego życia.

Numerologia jest poważaną dziedziną wiedzy, której początki sięgają starożytności. Grecki filozof Pitagoras, uznawany przez wielu za ojca numerologii, twierdził, że „liczby są podstawowymi elementami wszechświata". Jeszcze w okresie renesansu kościoły projektowano przy użyciu mistycznych systemów liczbowych, które zdaniem architektów pozwalały osobom znajdującym się wewnątrz budowli silniej doświadczać Boga.

Zarówno w kolorach, jak i w liczbach kryją się głębsze znaczenia. Omawiam te systemy razem, gdyż zgodnie z zasadami numerologii, każdej liczbie przypisany jest kolor. A ponieważ z każdym dniem, miesiącem i rokiem zmieniają się wibracje liczb, jednocześnie zmieniają się odpowiadające im kolory.

Istnieje wiele sposobów współdziałania z energią życia. Między innymi możemy świadomie wykorzystywać nasze osobiste liczby i kolory, tak aby dni płynęły nam spokojniej. Ta książka pokazuje jeszcze inną metodę łączenia kolorów i liczb z naszymi codziennymi działaniami, które dzięki temu mogą zyskać równowagę i harmonię. Liczby i kolory wypełniają każdy nasz dzień, wspierają całe nasze życie i mogą tworzyć podstawę naszych afirmacji i decyzji. O tym właśnie jest ta książka.

Wydaje się, że niemal wszystko wokół ma nadany numer lub jest przedstawione w postaci liczb: ulice, domy, telefony, konta bankowe. Każde urządzenie i elektroniczny gadżet są oznakowane liczbami. Podobnie jest w przypadku świąt, kalendarzy, ubezpieczeń, kart kredytowych i banknotów. Jednak najbardziej osobistymi liczbami są nasz wiek i data urodzenia.

Wszechobecne są także kolory – w jedzeniu, które spożywamy, w naszych ubraniach, w biżuterii. Zwracamy na nie uwagę w wystroju mieszkania i w miejscu pracy. Różne środki transportu mają oznaczenia kolorystyczne. Gdy świadomie wybieramy kolory, biżuterię z kamieni szlachetnych, pokarmy i ubrania, które codziennie współgrają z naszym poziomem wibracji, wówczas swobodniej płyniemy z nurtem życia. Kolory, jakimi się otaczamy, często odzwierciedlają nasze podejście do samych siebie i do życia.

Mężczyźni i kobiety, młodsi i starsi, osoby aktywne i te prowadzące siedzący tryb życia – każdy odnajdzie sens we właściwym wykorzystaniu kolorów i liczb. Bez względu na to, jaki styl życia prowadzimy i gdzie mieszkamy, kolory i liczby są zawsze wokół nas.

W pewnych momentach lepiej czujemy się z określonymi barwami. Możemy poprawić jakość swojego codziennego życia, otaczając się kolorami, które najlepiej harmonizują z naszymi osobistymi wibracjami w danym dniu. To właśnie numerologia pozwala określić dzienne, miesięczne i roczne wibracje. Gdy wybierzemy kolor związany z określonymi wibracjami i zwrócimy uwagę na znaczenie odnoszącej się do nich liczby, uzyskamy większą harmonię z Życiem.

Jak zauważysz, każdy DZIEŃ OSOBISTY ma przypisany kolor, który wibruje z liczbą przypisaną temu dniu. Z DNIEM

OSOBISTYM związany jest także kamień rezonujący z kolorem i liczbą. Kamienie szlachetne, podobnie jak kolory, posiadają wibracje. Te energie sprawiają, że nosząc odpowiedni kamień, możemy wprowadzić się w upragniony nastrój. Ponadto istnieje kluczowe słowo lub wyrażenie, które nadaje ton każdemu DNIU OSOBISTEMU.

Do wszystkich DNI OSOBISTYCH dodałam również afirmacje i zachęcam do koncentrowania się na tych pozytywnych myślach. Lubię wypowiadać je rano, tuż po przebudzeniu – to moje przygotowanie do nowego, radosnego dnia wypełnionego nauką i rozwojem.

Każdy człowiek posiada swoje indywidualne wibracje liczb i kolorów. Niektóre z tych liczb, na przykład data urodzenia, są niezmienne. Natomiast osobiste kolory zmieniają się z dnia na dzień, z miesiąca na miesiąc i z roku na rok. Jeżeli otaczamy się kolorami w sposób świadomy, to lepiej dostrajamy się do sił kosmosu. W tej książce skupimy się właśnie na tym, jak – zgodnie z zasadami numerologii – wybierać kolory, by sprzyjały nam w codziennym życiu.

Dalej wyjaśnię, w jaki sposób określa się wibrację ROKU OSOBISTEGO, MIESIĄCA OSOBISTEGO i DNIA OSOBISTEGO.

Jak obliczyć Rok Osobisty, Miesiąc Osobisty i Dzień Osobisty

Zaczynamy od wibracji Roku Uniwersalnego (obecnego). Ta wibracja oddziałuje na wszystkich. Odpowiadającą jej liczbę poznamy, dodając cztery cyfry bieżącego roku kalendarzowego. Na przykład wibrację roku 2011 oblicza się, dodając 2 + 0 + 1 + 1 = 4. W ten sposób dowiadujemy się, że rok 2011 jest 4. Rokiem Uniwersalnym.

W numerologii liczby „redukuje się", aż otrzymamy liczbę jednocyfrową. A zatem w przypadku roku 2028: po dodaniu cyfr 2 + 0 + 2 + 8 otrzymujemy liczbę 12, którą należy sprowadzić do jednej cyfry, sumując jej składniki: 1 + 2 = 3. Wynik oznacza, że rok 2028 jest 3. Rokiem Uniwersalnym.

Rok Osobisty

Aby odkryć WIBRACJĘ ROKU OSOBISTEGO, dodaj MIESIĄC i DZIEŃ swoich URODZIN do obecnego ROKU UNIWERSALNEGO.

Jeżeli twoje urodziny przypadają 23 października, to (pamiętając o sprowadzeniu liczby dwucyfrowej do jednocyfrowej), dodajesz:

10	(październik)
23	(dzień)
4	(Rok Uniwersalny, 2011)
37	3 + 7 = 10
	1 + 0 = 1

2011 rok to 1. Rok Osobisty

Miesiąc Osobisty

Aby odkryć WIBRACJĘ MIESIĄCA OSOBISTEGO w obecnym miesiącu kalendarzowym, dodaj swój ROK OSOBISTY do liczby bieżącego miesiąca. Podobnie jak w poprzednim przykładzie, jeśli jesteś w 1. ROKU OSOBISTYM, a teraz jest marzec, to wykonujesz następujące działanie: 1 (Rok Osobisty) + 3 (marzec) = 4. Zatem w tym przypadku twoja WIBRACJA MIESIĄCA OSOBISTEGO równa się 4.

1	(Rok Osobisty, przykład powyżej)
3	(miesiąc kalendarzowy, marzec)
4	

Marzec 2011 roku to 4. Miesiąc Osobisty.

Dzień Osobisty

Aby odkryć WIBRACJĘ DNIA OSOBISTEGO, dodaj swój MIESIĄC OSOBISTY do obecnego dnia miesiąca. Jeżeli, korzystając z poprzedniego przykładu, marzec 2011 roku jest twoim 4. MIESIĄCEM OSOBISTYM, a dzisiaj jest 1 marca, to dodaj cyfrę MIESIĄCA OSOBISTEGO do dzisiejszego dnia miesiąca.

W przypadku 1 marca 2011 roku dodaj:

4	(Miesiąc Osobisty)
1	(dzień kalendarzowy, 1 marca)
5	

A zatem 1 marca 2011 roku to 5. Dzień Osobisty.

Gdy już poznasz swój Dzień Osobisty, następne dni oznaczasz kolejną liczbą w cyklu od 1 do 9. A więc po 9. Dniu Osobistym przychodzi 1. Dzień Osobisty i tak dalej do końca miesiąca. Wraz z początkiem kolejnego Miesiąca Osobistego dni liczymy od nowa.

Na końcu książki znajduje się kalendarz, w który można wpisać liczby osobiste. Najlepiej od razu wypełnić cały, żeby w każdej chwili móc je sprawdzić. Książkę warto trzymać w pobliżu łóżka, tak aby rano, przed ubraniem się, można było do niej zajrzeć.

Jeżeli liczba twoich osobistych wibracji wynosi 11 lub 22, nie sprowadzaj jej do 2 lub 4. Liczby 11 i 22 uważa się za Liczby Mistrzowskie. Wskazują one, że dostajesz szansę, aby w danym okresie (dniu, miesiącu lub roku) funkcjonować na wyższej wibracji. Jesteś wtedy w większej harmonii z wyższymi, uniwersalnymi zasadami, które kierują twoim światem i światem jako całością. W kalendarzu wpisuj te liczby jako „11 (2)" lub „22 (4)", abyś pamiętał, że masz wybór: możesz być liczbą 2 albo możesz sięgnąć do liczby 11 i, analogicznie, możesz być liczbą 4 lub możesz sięgnąć do liczby 22. Na przykład osoba o wibracji 2 podąża za liderem, a osoba o wibracji 11 JEST liderem. Osoba o wibracji 4 pracuje dla siebie, a osoba o wibracji 22 pracuje dla społeczności.

Warto zapamiętać, że bez względu na liczbę Roku Osobistego, pierwszy Miesiąc Osobisty oznaczony jest kolejną liczbą. Na przykład styczeń w 8. Roku Osobistym będzie 9. Miesiącem Osobistym. Analogicznie, pierwszy dzień 9. Miesiąca Osobistego będzie 1. Dniem Osobistym.

DNI PODWÓJNEJ I POTRÓJNEJ MOCY

Liczby Dni Osobistych, które przypadają na 9., 18. i 27. dzień miesiąca kalendarzowego będą równe liczbie Miesiąca Osobistego. Na przykład, w 6. Miesiącu Osobistym 9., 18. i 27. dzień kalendarzowy będą Dniami Osobistymi o wibracji 6. To dni PODWÓJNEJ MOCY, które warto oznaczyć w kalendarzu gwiazdką. W te dni energia otaczająca konkretne wskazówki będzie dwukrotnie silniejsza, czyli masz jeszcze większą szansę, aby wykorzystać ową moc do rozwoju.

Wrzesień jest wyjątkowym miesiącem. Jego liczba zawsze odpowiada liczbie twojego Roku Osobistego. I dlatego 9., 18. i 27. dzień września charakteryzuje się POTRÓJNĄ MOCĄ. Na przykład w 6. Roku Osobistym wrzesień będzie dla ciebie 6. Miesiącem Osobistym, czyli cały miesiąc będzie bardziej intensywny pod względem energetycznym. Dodatkowo, 9., 18. i 27. dzień kalendarzowy września będzie 6. Dniem Osobistym o POTRÓJNEJ MOCY. Te dni również warto zaznaczyć w kalendarzu gwiazdką (ale może innego koloru), aby pamiętać o ich trzykrotnie silniejszej energii.

PRZYDATNE WSKAZÓWKI

Ostatnie dwa miesiące roku kalendarzowego są zawsze oznaczone takimi samymi liczbami osobistymi jak pierwsze dwa miesiące nowego roku kalendarzowego. Jednak osobiste wibracje odnoszące się do całego roku będą inne. W 6. Roku Osobistym listopad będzie 8. Miesiącem Osobistym, a grudzień – 9. Miesiącem Osobistym. Styczeń i luty kolejnego roku (czyli 7. Roku Osobistego) także będą odpowiednio 8. i 9. Miesiącem Osobistym. Wibracje liczbowe tych czterech miesięcy będą analogiczne, lecz osobiste wibracje związane z rokiem będą odmienne.

Oczywiście nie musisz kurczowo trzymać się wskazówek na każdy dzień, ale jeżeli wykorzystasz specyficzną energię, jaką on niesie sobą, poczujesz silniejszą więź z życiem. Kiedy pada śnieg, wyjście na zewnątrz w krótkich spodenkach i boso to nie najlepszy pomysł. Znacznie korzystniej spędzisz ten dzień, jeśli ubierzesz się stosownie do pogody. Podobnie jest z innymi aspektami życia. W niektóre dni pewne zachowania i działania są bardziej odpowiednie i łatwiej przychodzą. Wówczas po prostu czujesz, że to DOBRY dzień na zakupy, załatwienie sprawy w banku albo… szorowanie podłóg w domu. Nieustannie ulegamy wpływowi energii, które otaczają nas i nasze życie. Ta książka pokazuje, jak świadomie sięgać po te energie.

W numerologii nieczęsto stosuje się kolor czarny. W dniu o liczbie 11 (2) można nosić czerń, jeśli połączy się ją z bielą, chociaż ja zawsze lepiej się czuję w kolorach perłowoszarym i srebrnym. Czerń to brak koloru. W ciągu wielu lat swojej pracy terapeutycznej zauważyłam, że ludzie, którzy ubierają się głównie lub tylko na czarno, rzadko bywają szczęśliwi. Czerń zazwyczaj ogranicza i tłamsi ducha. Jeżeli masz problemy natury emocjonalnej, a często nosisz czarne ubrania, radziłabym ci, abyś zrezygnował z tego koloru na miesiąc – i zobaczysz, czy nie stałeś się bardziej radosny. Być może odkryjesz nawet, że w twoim życiu jest dużo więcej zabawy!

Jeżeli korzystasz z tej metody po raz pierwszy, trochę czasu może ci zająć skompletowanie garderoby złożonej z ubrań we wszystkich kolorach na każdą porę roku. Tymczasem wykorzystuj to, co masz pod ręką. Nie zawsze musisz mieć cały zestaw w danym kolorze. Zamiast tego może być szal, pasek, chusteczka albo nawet kolorowa bielizna. Niekiedy wystarczy wziąć kolorowy długopis lub wstawić do wazonu kilka kwiatów, żeby pamiętać o wibracji koloru w danym dniu. Podaruj bliskiej osobie prezent w kolorze jej Dnia Osobistego.

Nasze pożywienie też ma różne barwy. Dlatego ważne są nie tylko kolory naszego stroju lub otoczenia, lecz także te, którymi odżywiamy ciało. Na przykład kolorem przewodnim 1. Dnia Osobistego jest czerwień, możemy więc wtedy mieć ochotę na czerwone jabłka, pomidory albo buraki – i tego dnia będą one dla nas szczególnie pożywne. (Na stronach 89–92 znajdziesz listę produktów żywnościowych według kolorów).

Wkraczając w nowy Rok Osobisty, warto kupić do domu coś w kolorze tego roku, co będzie przypominało o jego energii, na przykład nową narzutę na łóżko. Można też pomalować ulubiony pokój na ładny odcień danego koloru. Dobrym pomysłem jest również kupno pierścionka albo wisiorka w tym kolorze. Jeżeli zamierzasz kupić samochód, na wybór jego koloru prawdopodobnie wpłynie wibracja Roku Osobistego. Puść wodze fantazji i wymyśl własne sposoby świadomego „ubarwiania" swojego życia. Wyobraźnia odzwierciedla twój obraz siebie samego i rosnącą miłość do siebie.

W przypadku wątpliwości – gdy nie masz pod ręką koloru danego Dnia Osobistego – zawsze możesz wybrać kolor swojego miesiąca lub roku. Liczba i kolor Roku Osobistego przypominają podkład muzyczny, który towarzyszy wszystkim twoim działaniom w tym okresie.

To świetna zabawa! Spróbuj i zobacz, co się wydarzy.

1
2
3
4
5
6

Jak wykorzystywać swoje liczby

Gdy już obliczyłeś swój obecny Rok Osobisty, Miesiąc Osobisty i Dzień Osobisty, przejdź do części z opisem tego roku. Przeczytaj, jakie ma znaczenie, i zwróć uwagę na wskazówki. Rok Osobisty jest jakby tłem dla Dnia Osobistego. Codziennie rano gdy wstaniesz, zapoznaj się z opisem tego dnia. Zastanów się nad nim i przemyśl podane tu afirmacje, które pomogą ci czerpać z tego dnia jak najwięcej dobra.

Ze wskazówek odnoszących się do Dnia Osobistego należy korzystać w połączeniu ze wskazówkami dotyczącymi Miesiąca Osobistego i Roku Osobistego. Omówienia lat osobistych są jednocześnie omówieniami miesięcy osobistych o takich samych liczbach. Ja wolę koncentrować się na DNIU DZISIEJSZYM i dlatego częściej zaglądam do opisu dnia i roku niż do opisu miesiąca.

ROK OSOBISTY

1. ROK OSOBISTY

Kolor

CZERWONY

Kamień szlachetny

RUBIN

Kluczowe słowo

POCZĄTKI

To rok nowych początków, nowych pomysłów, wszystkiego, co nowe – czas siewów. Nasiona zasiane w tym roku wpłyną na kolejnych osiem lat. Pamiętaj, że nasiona nie wschodzą w jedną noc. Najpierw muszą zakiełkować i ukorzenić się – i dopiero wtedy zaczynają z nich wyrastać rośliny. Pozwól swoim pomysłom zapuścić korzenie. Stwórz plan tego, co pragniesz osiągnąć w kolejnym dziewięcioletnim cyklu, i od razu zacznij nad tym pracować. Bądź sobą i działaj w sposób zdecydowany. Przejmij kontrolę nad swoim życiem. Polegaj bardziej na sobie niż na relacjach i związkach. W tym okresie silny wpływ mają niezależność i promowanie siebie. Zacznij przygotowania już teraz. Bądź aktywny, nie ustawaj w działaniach. To rok, w którym wytyczasz nowe drogi i otwierasz przed sobą nowe możliwości.

OTWIERAM PRZED SOBĄ NOWE MOŻLIWOŚCI
I ROZPOCZYNAM NOWE PRZEDSIĘWZIĘCIA!

2. Rok osobisty

Kolor

POMARAŃCZOWY

Kamień szlachetny

KAMIEŃ KSIĘŻYCOWY

Kluczowe słowo

WSPÓŁPRACA

Nasiona, które zasiałeś w poprzednim roku, są gotowe, by wzejść. W tym roku zasługujesz na trochę odpoczynku i ciszy. Zapewnij je sobie. Zdobywaj wiedzę. Ćwicz takt i dyplomację. Dzielenie się i praca w grupie to najlepsze sposoby działania, dlatego chętnie współpracuj z ludźmi. Niczego nie forsuj na siłę – bądź cierpliwy i czekaj. To, co dla ciebie dobre, nadejdzie. Zwracaj uwagę na szczegóły. Dostrzegaj sens w tym, co dzieje się w twoim życiu. Niebawem otworzą się przed tobą nowe możliwości. Myśl, planuj, zachowuj spokój i opanowanie. To czas sprzyjający miłości, bardzo dobry dla związków uczuciowych oraz dla relacji w sferze zawodowej.

UFAM, ŻE ŻYCIE PRZEBIEGA WE WŁAŚCIWYM, BOSKIM PORZĄDKU!

3. Rok osobisty

Kolor

ŻÓŁTY

Kamień szlachetny

TOPAZ

Kluczowe słowo

PRZYJEMNOŚĆ

Nadszedł twój rok zabawy. To, co rozpocząłeś dwa lata temu, zaczyna żyć. Uwierz w siebie. Nasiona puszczają korzenie. Jesteś świadkiem narodzin. Wszystko układa się dobrze – czujesz to. Zewsząd otacza cię miłość. Poświęć ten czas dla przyjaciół i rób to, co sprawia ci przyjemność. Baw się, chodź na przyjęcia i spotkania. Wybierz się na urlop lub na dłuższe wakacje. W tym roku dominuje sfera życia towarzyskiego. Poza tym skupiasz się na tym, co artystyczne. Jak najczęściej wyrażaj siebie w sposób twórczy. Śmiej się i uśmiechaj, śpiewaj, tańcz i roztaczaj wokół blask słońca. Ten rok będzie pełen radości.

KOCHAM ŻYCIE I RADOŚĆ ŻYCIA!

4. ROK OSOBISTY

Kolor

ZIELONY

Kamień szlachetny

SZMARAGD/JADEIT

Kluczowe słowo

PRAKTYCZNOŚĆ

Nastał czas powrotu do pracy. Przez ziemię przebijają się młode pędy. Zajmij się pieleniem. Bądź wydajny i zorganizowany. Wznieś fundamenty. Bądź aktywny i działaj zgodnie ze swym planem. Zrób remanent w swoim życiu i zaprowadź w nim porządek, zwracając uwagę na szczegóły. Ćwicz samodyscyplinę i unikaj lenistwa. Wykonuj wszelkie zadania z radością, a będziesz miał tyle energii, ile potrzebujesz. Zadbaj o zdrowie. Budujesz swoją przyszłość, a więc bądź konstruktywny. W tym roku rozwiązuj problemy. Im więcej wysiłku włożysz, tym więcej plonów zbierzesz. Wszystko dobrze się ułoży.

WSZYSTKO ZAMIENIAM W MOŻLIWOŚĆ!

5. ROK OSOBISTY

Kolor

NIEBIESKI

Kamień szlachetny

TURKUS/AKWAMARYN

Kluczowe słowo

ZMIANA

Wokół wyczuwa się wolność i zmianę. Po zeszłorocznej pracy zasługujesz na wakacje. Niech to będzie rok, w którym dbasz o siebie. Postaraj się ze wszystkich sił. Skończ z rutyną, porzuć dawne idee i zrób coś nietypowego. Wyjdź z dawnych schematów i doświadczaj życia w nowy sposób. To wspaniały rok na naukę nowego języka lub smakowanie życia w nowym miejscu. Dokonuj zmian: w sobie, w swoim domu, w stylu życia, w pracy, ale tak, by te zmiany służyły również innym. Spotykaj się z jak największym gronem ludzi. Wypatruj miłych niespodzianek. Jednak nie trać całkowicie głowy – bądź aktywny, lecz działaj spokojnie. Ten rok może przynieść ci wiele zadowolenia.

WITAM ZMIANĘ I POSZERZAM
SWOJE ŻYCIOWE GRANICE!

6. Rok osobisty

Kolor

INDYGO

Kamień szlachetny

PERŁA/SZAFIR/LAZURYT

Kluczowe słowo

ODPOWIEDZIALNOŚĆ

Nadszedł czas skupienia się na domu, rodzinie, społeczności i przyjaciołach. Rośliny kwitną. Niech dom stanie się ośrodkiem twojego życia. Bądź odpowiedzialny i sprawiedliwy. Służ innym i z chęcią przyjmuj na siebie obowiązki. Dbaj o wszystko, co jest ci bliskie: ludzi, miejsca i rzeczy. Ten rok jest najlepszym czasem, aby zawrzeć małżeństwo, i doskonałym, aby wprowadzić się do nowego domu. Niech muzyka stanie się istotną częścią twojego życia. Relaksuj się i przyjmuj u siebie gości. Stwórz własne standardy i działaj zgodnie z nimi. Doprowadzaj do końca wszystko, co zaczynasz. Utrzymuj rytm i harmonię w życiu. Dobre jest wszystko, co robisz dla innych. Udzielaj pomocy i wsparcia wszędzie tam, gdzie jest to potrzebne. Ten rok przyniesie ci wiele satysfakcji.

PRZYJMUJĘ OBOWIĄZKI Z MIŁOŚCIĄ I RADOŚCIĄ!

7. ROK OSOBISTY

Kolor

PURPUROWY/FIOLETOWY

Kamień szlachetny

AMETYST

Kluczowe słowo

WIARA

To rok poświęcony życiu wewnętrznemu. Na pnączach zaczynają pojawiać się owoce, a ty musisz wierzyć, że dojrzeją. Znajdź czas na refleksję, naukę i autoanalizę. Spędzaj dużo czasu w samotności i wykorzystuj go w konstruktywny sposób. Analizuj swoje myśli i działania. Co chciałbyś w sobie zmienić? Liczba 7 zawsze pokazuje rzeczy, których normalnie nie widzimy. Dokonaj przeglądu swojego życia. Ten rok jest czasem wewnętrznego rozwoju i przygotowania. Nie sięgaj po nic ani nie próbuj niczego przyspieszać – niech samo do ciebie przychodzi. W miarę możliwości uwolnij się od spraw zawodowych. Medytuj i patrz w siebie. Życie towarzyskie odłóż na inny czas. Być może udasz się w podróż, aby lepiej siebie poznać. To rok duchowości, więc płyń z nim. Niech twoja dusza wzrasta.

CIESZĘ SIĘ Z WEWNĘTRZNYCH POSZUKIWAŃ
I ZNAJDUJĘ ODPOWIEDZI NA WIELE PYTAŃ!

8. ROK OSOBISTY

Kolor

BEŻOWY/BRĄZOWY/RÓŻOWY

Kamień szlachetny

DIAMENT

Kluczowe słowo

OSIĄGNIĘCIE

Nastał rok sukcesu – czas żniw. To, nad czym zacząłeś pracować osiem lat temu, zaowocowało. Pokaż swoje dzieło innym. Sfera zawodowa i wszelkie materialne rzeczy należą teraz do ciebie. Włóż nieco wysiłku, a wiele osiągniesz. Podążaj za pragnieniami. Stań się szefem, menedżerem i organizatorem. Bądź efektywny, rzeczowy i pewny siebie. We wszystkich kontaktach i sprawach zawodowych postępuj uczciwie i sprawiedliwie. Możesz dużo osiągnąć. Rozglądaj się za nieoczekiwanymi źródłami pieniędzy. Ten czas sprzyja podróżom służbowym. To rok osiągnięć. Działaj!

Z POWODZENIEM TWORZĘ SWÓJ ŚWIAT
I NIM KIERUJĘ!

9. ROK OSOBISTY

Kolor

WSZYSTKIE PASTELE

Kamień szlachetny

OPALE/ZŁOTO

Kluczowe słowo

ZAKOŃCZENIE

Czas zakończenia i spełnienia. W ogrodzie naturalny cykl zatoczył koło, lecz niektóre rośliny nadal rodzą owoce. Przyszła pora na wiosenne porządki i oczyszczenie wszystkich kątów. Zrób przegląd swojego życia i wyrzuć wszystko, co już ci nie służy: pewne osoby, miejsca, rzeczy lub idee. Jeżeli coś jest zakończone – puść to, nie trzymaj się tego kurczowo. W tym roku wiele rzeczy zniknie z twojego życia. Pobłogosław je i uwolnij. W ten sposób robisz miejsce na kolejny rok. Wokół ciebie panuje szczęście. Ponieważ to rok zakończeń, nie zaczynaj niczego nowego. Nie szukaj nowych związków miłosnych, gdyż nie potrwają długo. Ciesz się artystyczną stroną życia. Udaj się w długą podróż, zdobądź wiedzę i przekaż ją innym. Bądź tolerancyjny, pełen współczucia i gotów do wybaczenia. Miłością należy dzielić się ze wszystkimi. Zrozum dogłębnie więź łączącą wszystkich ludzi na tej planecie. Stary cykl dobiega końca. Przygotuj się na nowy cykl, który rozpocznie się z kolejnym rokiem.

JESTEM ZADOWOLONY I SPEŁNIONY.
OSIĄGNĄŁEM PEŁNIĘ!

11/2. ROK OSOBISTY

Kolor

CZARNY/BIAŁY lub PERŁOWOSZARY

Kamień szlachetny

SREBRO

Kluczowe słowo

INTUICJA

11 (2) to Liczba Mistrzowska. Wznieś się ponad codzienność i lśnij jak gwiazda. W życiu wewnętrznym ustanów nowe standardy. Bardziej zgłębiaj duchową i metafizyczną stronę życia. W tym roku uniwersalna miłość jest ważniejsza od miłości osobistej. Bez względu na wszystko zachowaj wewnętrzny spokój. Zainteresujesz się nowymi sposobami myślenia. Mimo że nie jest to czas na sprawy zawodowe, będziesz miał mnóstwo dobrych pomysłów na przyszłość. Żyj zgodnie ze swoimi ideałami. Przygotuj się – w tym roku mogą cię spotkać zaszczyty i sława. To czas rozwoju wewnętrznego, olśnień i refleksji.

SŁUCHAM WEWNĘTRZNEGO GŁOSU MĄDROŚCI!

22./4. ROK OSOBISTY

Kolor

KORALOWY/RUDOBRUNATNY

Kamień szlachetny

KORAL/MIEDŹ

Kluczowe słowo

WSPANIAŁOŚĆ

22 (4) to Liczba Mistrzowska. Możesz osiągnąć wspaniałe sukcesy, jeśli wzniesiesz się ponad liczbę 4. Społeczność cię potrzebuje. Jeżeli pracujesz tylko dla siebie, nie skorzystasz w pełni z tego roku. Natomiast pracując nad wielkimi planami dla dobra wielu ludzi, odniesiesz sukces. Oto szansa na pełen mocy rok i realizację śmiałych, ambitnych projektów. Stwórz coś wartościowego. Zmobilizuj wszystkie swoje zdolności umysłowe. Nieczęsto masz rok o takiej sile i takim znaczeniu.

PRACUJĘ DLA DOBRA TEJ PLANETY.
LOS MI SPRZYJA!

DZIEŃ OSOBISTY

1. DZIEŃ OSOBISTY

Kolor CZEROWNY

Kamień szlachetny RUBIN

CZAS ZACZĄĆ

Bądź niezależny i rób to, na co masz ochotę. Udaj się w nowe miejsca, nawiąż nowe znajomości. Wypróbuj nowe pomysły, zacznij nową pracę. Bądź aktywny. To świetny dzień na pierwszą randkę. Zauważysz dziś, że związki uczuciowe odgrywają w twoim życiu ważną rolę. Dzisiaj bądź liderem. Zaufaj sobie i swojej intuicji. Bądź oryginalny, twórczy i ambitny. Poczuj swoją siłę i działaj odważnie. Złość, upór, niecierpliwość lub troska mogą osłabiać twoje zdolności. Szukaj tego, co nowe.

OTWIERAM NOWE DRZWI KU ŻYCIU!

Dzisiaj wierzę, że nieskończona mądrość, która jest we mnie, pokieruje mną i poprowadzi mnie ku nowym sferom życia. Czuję się bezpiecznie, gdy robię krok naprzód, i ufam, że Siła Życia czuwa nade mną. Życie wspiera każdy mój krok na tej drodze. Mam pożywienie, ubranie, dach nad głową i miłość, dzięki którym czuję się prawdziwie spełniony. Z otwartymi ramionami witam to, co nowe, wiedząc, iż wkrótce stanie się znajome. Pamiętając, że wszyscy przyjaciele i ukochani ludzie byli kiedyś nieznajomymi, witam nowe osoby w swoim życiu. Dziś jest dla mnie cudowny dzień.

2. DZIEŃ OSOBISTY

Kolor POMARAŃCZOWY

Kamień szlachetny KAMIEŃ KSIĘŻYCOWY

WSPÓŁPRACUJ

Zachowaj spokój. To czas, aby zgadzać się z innymi. Zrób dziś więcej, niż do ciebie należy. Bądź cierpliwy, tolerancyjny i dyplomatyczny. W tym dniu nastaw się na przyjmowanie. Znajdź to, czego potrzebujesz, poszukaj tej szczególnej rzeczy. Obserwuj, słuchaj i myśl. Spraw, by ludzie w twoim otoczeniu czuli się swobodnie, bądź świadomy ich uczuć. Stwórz harmonię. Ciesz się towarzystwem przyjaciół. Zrelaksuj się, bądź łagodny i miły. Czekaj.

JESTEM DOBRY DLA INNYCH I TROSZCZĘ SIĘ O NICH!

Wczoraj zasiałem nasiona w Ogrodzie Życia. Dzisiaj cierpliwie czekam, aż zakiełkują. Mam czas dla wszystkich wokół mnie i troszczę się o nich. Z radością pomagam wszędzie tam, gdzie mogę, odciążając innych. To, co daję, wraca do mnie pomnożone. Gromadzę rzeczy, których potrzebuję na przyszłość. Dzisiejszy dzień jest pełen harmonii, miłości i spokoju. To dzień przyjmowania.

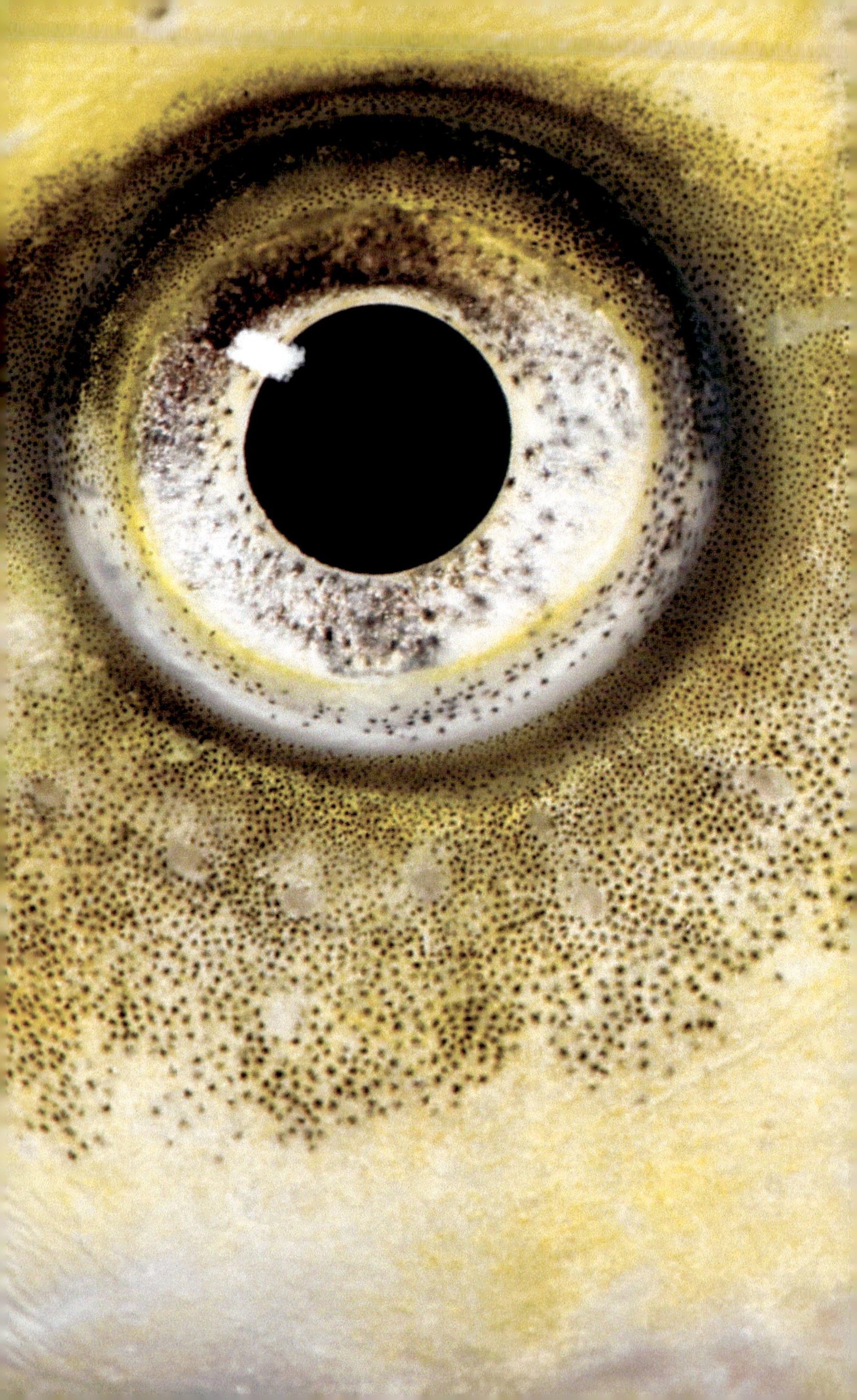

Kolor ŻÓŁTY

Kamień szlachetny TOPAZ

CZAS ZABAWY

Śmiej się i baw. Dziś wszyscy ludzie są ważni. Śpiewaj, tańcz i baw się. Wyrażaj siebie i obdarzaj wszystkich miłością. Ten dzień uosabia radość życia. Bądź i czuj się dzisiaj piękny. Poczuj radość, która jest w tobie, i przekazuj ją innym. Życz dobrze wszystkim i wszystkiemu. Spraw, by dzięki tobie inni się uśmiechali. Niech twoja inwencja twórcza swobodnie się wyraża. Dziś warto wybrać się na zakupy. To dzień ludzi, więc poczuj miłość do wszystkich, których dzisiaj spotykasz.

PROMIENIEJĘ RADOŚCIĄ I DZIELĘ SIĘ NIĄ Z INNYMI!

Radość płynie w moich żyłach i wyraża się w każdej części mojej istoty. Wiem, że moje nasiona kiełkują i nadszedł czas radowania się. Czuję radość, entuzjazm i harmonię z całym istnieniem. Moje życie jest zabawą, w której uczestniczę wspólnie ze wszystkimi ludźmi, jakich znam. Moja inwencja twórcza płynie – swobodnie dzielę się nią z innymi. Jestem piękny i wszyscy mnie kochają. Wszystko dobrze się układa w moim świecie. Przekazuję to odczucie innym ludziom.

4. DZIEŃ OSOBISTY

Kolor ZIELONY

Kamień szlachetny SZMARAGD/JADEIT

CZAS PRACY

Pora wstać wcześnie i zabrać się do pracy. Dzisiaj masz mnóstwo energii. Zajmij się swoimi projektami, zapłać rachunki, napisz listy, zrób bilans budżetu, posprzątaj w domu, umyj samochód. Bądź zorganizowany i niezawodny. Wykonaj konieczne naprawy. Dzisiejsza praca przyniesie trwałe efekty. Dziś warto też zrobić badania kontrolne. Przygotuj się na jutro.

JESTEM ZORGANIZOWANY I EFEKTYWNY!

Pierwsze delikatne pędy wyłaniają się z ziemi i trzeba wziąć się do pracy. Z radością wyrywam chwasty – usuwam negatywne myśli z mojej świadomości. Siła Wszechświata wspiera mnie i czuję nieprzebrane pokłady energii. Wykonuję wszystko szybko i z łatwością. Wznoszę mocne fundamenty jutra. Mam zdrowe ciało, zdrowy umysł i zdrowego ducha.

5. Dzień osobisty

Kolor NIEBIESKI

Kamień szlachetny TURKUS/AKWAMARYN

ZMIANA I NIESPODZIANKA

Dzisiaj wyglądaj najlepiej, jak możesz – wystrój się! Wyjdź do świata i szukaj tego, co nowe. Wokół czuć pozytywną zmianę. Dziś jesteś wolny. Oczekuj niespodzianki. Zrób coś innego, bądź elastyczny i zmień swój zwykły porządek dnia. Promuj i reklamuj siebie albo swoje produkty. Spójrz na inną stronę życia. Oddaj coś lub sprzedaj. To najlepszy dzień na wizytę u fryzjera albo na operację. Dzisiaj czujesz wolność.

WITAM ZMIANĘ I CIESZĘ SIĘ TYM, CO NOWE!

Rośliny pięknie rosną i same dbają o siebie, chłonąc życiodajne słońce i czerpiąc pożywienie z ziemi. Jestem wolny i otwieram się na różne doświadczenia. Oczekuję cudownej, miłej niespodzianki, która mnie zachwyci. Wyglądam i czuję się fantastycznie. Oto ja, świecie, otwarty i gotowy na wszelkie dobro. Przyjmuję je z radością, przyjemnością i wdzięcznością.

6. DZIEŃ OSOBISTY

Kolor INDYGO

Kamień szlachetny PERŁA/SZAFIR/LAZURYT

CZAS DOSKONALENIA

Przeprowadź osobistą inwentaryzację. Popatrz na swój dom. Czy mógłby być wygodniejszy? A ty? Czy mógłbyś coś w sobie udoskonalić? Pomyśl, w jaki sposób się odżywiasz. Czy coś wymaga ulepszenia? Weź pod lupę swoją osobowość. Czy mógłbyś być bardziej radosny? Popatrz na swoje obowiązki. Czy powinieneś się czymś zająć? Czy wtrącasz się w sprawy innych ludzi? Jeśli tak, to odpuść. Czy jesteś komuś coś winien? Nadszedł czas, by spłacić długi. Ciesz się swoją rodziną. Zaproś do domu gości. Wypełnij dzień muzyką. W miarę możliwości nie podróżuj. Twórcze pisanie odłóż na kiedy indziej. Dziś lepiej działać w grupie. To dobry moment na przeprowadzkę do nowego domu.

MÓJ DOM JEST OAZĄ SPOKOJU!

Moje rośliny kwitną, a ich widok napawa radością. Przyczyniają się one do wspaniałej atmosfery w domu. Troskliwie dbam o swoje rośliny. W razie potrzeby wprowadzam udoskonalenia w domu. To przyjazne i wygodne miejsce – dla mnie i dla innych. Otwieram dom i witam gości muzyką i miłością. Goście są dla mnie jak kochająca rodzina.

7. DZIEŃ OSOBISTY

Kolor PURPUROWY/FIOLETOWY
Kamień szlachetny AMETYST

SPOJRZENIE DO WEWNĄTRZ

Przynajmniej część tego dnia spędź w samotności. Zatrzymaj się. Czytaj, myśl, wsłuchuj się w głos duszy. Nie zastanawiaj się nad sprawami zawodowymi. Jeżeli dziś będziesz gonić za pieniędzmi, to ich nie zdobędziesz. Jeśli zatrzymasz się i poczekasz, wszystko przyjdzie samo. Postudiuj kwestie duchowe lub naukowe. Jeżeli czytasz Pismo Święte, to dzisiaj przeczytaj ewangelię św. Mateusza, rozdział 6. Zajmij się roślinami. Wybierz się na długi spacer albo na przejażdżkę za miasto. Liczba 7 zawsze coś objawia. Medytuj i bądź otwarty.

PATRZĘ DO WEWNĄTRZ
I OTRZYMUJĘ ODPOWIEDZI!

Wierzę, że Wszechświat przygotowuje dla mnie wiele dobrego, a zatem powoli, w ciszy, kieruję się ku swojemu wnętrzu, aby nawiązać kontakt z mądrością. Z miłością patrzę na naturę i całe jej piękno. Czuję się odnowiony i wypoczęty. Ufam, że Życie zatroszczy się o mnie. Wiem, że zawsze będzie do mnie przychodzić to, czego potrzebuję. Siła, która jest źródłem mojego oddechu, zapewni mi też wszystko inne.

8. DZIEŃ OSOBISTY

Kolor BEŻOWY/BRĄZOWY/RÓŻOWY

Kamień szlachetny DIAMENT

SUKCESY ZAWODOWE

Budzi się w tobie ambicja. Czas na rozwój. Dziś wyglądaj i zachowuj się jak człowiek sukcesu. To dobry dzień na sprawy zawodowe. Bądź menedżerem – organizuj i reorganizuj. Oceń dobrze sytuację. Zapłać rachunki i zajmij się wszystkimi sprawami finansowymi i prawnymi. W tym dniu warto podpisywać umowy najmu i inne kontrakty. Poza tym idź na siłownię albo zrób badania kontrolne. Być może otrzymasz niespodziewane pieniądze. Pomóż komuś, komu wiedzie się gorzej. Ty już odniosłeś sukces.

MAM W SOBIE MOC I DOBRZE MI SIĘ WIEDZIE!

Obfite plony są już zebrane i gotowe do sprzedaży. Kieruję swoimi sprawami i własnym życiem. Mam wrodzoną umiejętność trafnej oceny sytuacji i w każdym momencie czuję więź z Uniwersalną Inteligencją. Wszechświat jest moim towarzyszem i z nim idę od sukcesu do sukcesu. Jestem łaskawym i kochającym władcą królestwa, które stworzyłem. Im więcej pomagam innym, tym lepiej mi się wiedzie i tym bardziej się rozwijam. Tam, gdzie ja jestem, każdy wygrywa.

9. DZIEŃ OSOBISTY

Kolor WSZYSTKIE PASTELE

Kamienie szlachetne OPALE/ZŁOTO

LUDZKOŚĆ

Cały świat jest twoją rodziną. Bądź humanitarny i pomagaj każdemu, komu możesz. Bądź szczodry i życzliwy. Dzisiaj niczego nie zaczynaj – to dzień kończenia spraw. Nie umawiaj się dziś na pierwszą randkę, ponieważ ta znajomość nie przetrwa. Nic nie kupuj, chyba że na prezent. Posprzątaj w szafach. Jeżeli nie używasz jakiejś rzeczy, oddaj ją komuś lub sprzedaj. Uwolnij się od wszystkiego, co już ci nie służy: od rzeczy, idei, nawyków, relacji. Bądź artystą i wykorzystuj swoje zdolności twórcze. To wspaniały dzień na publiczny występ. Wszystko, co dasz, wróci do ciebie, więc dawaj tylko to, co najlepsze. Zamknij ten rozdział – jutro zaczynasz nowy.

JESTEM JEDNOŚCIĄ Z CAŁYM ŻYCIEM.
CAŁY ŚWIAT JEST MOJĄ RODZINĄ!

Praca została wykonana, cykl się dopełnił. Wszystko jest czyste. Z radością rozdaję to, co już mi niepotrzebne. Jestem hojny dla towarzyszy podróży na tej planecie, ponieważ są oni moimi braćmi i siostrami. Wybaczam i zapominam. Chętnie dzielę się sercem i dobrami materialnymi. Mam w sobie zrozumienie oraz uczucie spełnienia i satysfakcji. W moim świecie wszystko dobrze się układa.

11/2. DZIEŃ OSOBISTY

Kolor CZARNY/BIAŁY lub PERŁOWOSZARY

Kamień szlachetny SREBRO

PODĄŻAJ ZA SWOJĄ GWIAZDĄ

11 (2) to Liczba Mistrzowska. Zostaw za sobą sprawy materialne. Dzisiaj wibracje są harmonijne i pełne duchowości. Twoja intuicja jest rozwinięta. Niczego nie rób na siłę. Zachowaj ciszę i spokój. Niech dzień swobodnie płynie. Bądź punktualny. Nie czytaj. Wejrzyj w siebie. Tego dnia z nikim się nie kłóć. Stań się jasnym światłem na świecie. Dzisiaj ktoś lub coś może cię bardzo zainspirować lub ty zainspirujesz innych.

PODĄŻAM ZA SWOJĄ WEWNĘTRZNĄ GWIAZDĄ!

Spływa do mnie strumień mądrości i wiedzy z najwyższego źródła. Kiedy zwracam się do swojego wnętrza, odnajduję wszystkie odpowiedzi, których poszukuję. Sam siebie inspiruję i z łatwością znajduję w sobie odpowiedź na każde pytanie. Inspiruję innych. Dziś promienieję miłością i światłem, łagodnie i spokojnie.

22./4. DZIEŃ OSOBISTY

Kolor KORALOWY/RUDOBRUNATNY

Kamień szlachetny KORAL/MIEDŹ

ZAANGAŻUJ SIĘ

22(4) to Liczba Mistrzowska. Zapomnij o sobie i o własnych interesach. Cokolwiek dzisiaj robisz, musi służyć ogólnemu dobru. Pracuj dla społeczności lub dla świata. Tego dnia twoje plany muszą być wielkie i mieć na względzie najwyższe dobro wszystkich ludzi. Rób coś dla innych – to przyniesie ci szczęście.

Z RADOŚCIĄ BŁOGOSŁAWIĘ WSZYSTKIM I ŻYCZĘ IM DOBRZE!

Z przyjemnością i radością dzielę się wszystkim, co mam, z każdym mieszkańcem tej planety. Hojnie obdarzam innych swoimi talentami, umiejętnościami i zasobami. Mam szerszą perspektywę i pracuję w imię najwyższego dobra ogółu. Jestem jednością z Wszechświatem, teraz i na zawsze.

TWÓJ OSOBISTY KALENDARZ

NA PRZYKŁAD: Jeżeli wrzesień jest twoim 3. Miesiącem Osobistym, to październik będzie twoim 4. Miesiącem Osobistym i tak dalej.

	niedz.	pon.	wt.	śr.	czw.	pt.	sob.	
1999 WRZESIEŃ				1: 3	2: 4	3: 5	4: 6	Twój Miesiąc Osobisty 2
	5: 7	6: 8	7: 9	8: 1	9: *11/2*	10: 3	11: 4	
	12: 5	13: 6	14: 7	15: 8	16: 9	17: 1	18: *2*	
	19: 3	20: 22/4	21: 5	22: 6	23: 7	24: 8	25: 9	
	26: 1	27: *11/2*	28: 3	29: 4	30: 5			
1999 PAŹDZIERNIK						1: 4	2: 5	Twój Miesiąc Osobisty 3
	3: 6	4: 7	5: 8	6: 9	7: 1	8: 11/2	9: *3*	
	10: 4	11: 5	12: 6	13: 7	14: 8	15: 9	16: 1	
	17: 2	18: *3*	19: 22/4	20: 5	21: 6	22: 7	23: 8	
	24/31: 9/7	25: 1	26: 11/2	27: *3*	28: 4	29: 5	30: 6	

STYCZEŃ

niedz.	pon.	wt.	śr.	czw.	pt.	sob.

Twój Miesiąc Osobisty: ____________________

LUTY

niedz.	pon.	wt.	śr.	czw.	pt.	sob.

Twój Miesiąc Osobisty: ____________________

MARZEC

niedz.	pon.	wt.	śr.	czw.	pt.	sob.

Twój Miesiąc Osobisty: ______________________

KWIECIEŃ

niedz.	pon.	wt.	śr.	czw.	pt.	sob.

Twój Miesiąc Osobisty: ______________________

MAJ

niedz.	pon.	wt.	śr.	czw.	pt.	sob.

Twój Miesiąc Osobisty: ______________________________

CZERWIEC

niedz.	pon.	wt.	śr.	czw.	pt.	sob.

Twój Miesiąc Osobisty: ______________________

LIPIEC

niedz.	pon.	wt.	śr.	czw.	pt.	sob.

Twój Miesiąc Osobisty: ____________________

SIERPIEŃ

niedz.	pon.	wt.	śr.	czw.	pt.	sob.

Twój Miesiąc Osobisty: ______________________

WRZESIEŃ

niedz.	pon.	wt.	śr.	czw.	pt.	sob.

Twój Miesiąc Osobisty: ____________________

PAŹDZIERNIK

niedz.	pon.	wt.	śr.	czw.	pt.	sob.

Twój Miesiąc Osobisty: ____________________

LISTOPAD

niedz.	pon.	wt.	śr.	czw.	pt.	sob.

Twój Miesiąc Osobisty: ______________________

GRUDZIEŃ

niedz.	pon.	wt.	śr.	czw.	pt.	sob.

Twój Miesiąc Osobisty: ______________________

KOLORY I JEDZENIE

CZERWONY

jabłka
buraki
czerwona kapusta
czereśnie
rzodkiewki
maliny
truskawki
pomidory
arbuzy
czerwone mięsa

POMARAŃCZOWY

morele

kantalupy

marchew

mango

pomarańcze

persymony

dynie

nektarynki

mandarynki

ŻÓŁTY

banany

kukurydza

jaja

grejpfruty

cytryny

oleje

brzoskwinie

ananasy

sery

pochrzyn (jams)

ZIELONY

szparagi

karczochy

awokado

sałaty

zielone warzywa

gruszki

NIEBIESKI

borówki amerykańskie

jeżynomaliny

pewne odmiany winogron

śliwki z niebieskim nalotem

INDYGO

produkty niebieskie i purpurowe/fioletowe

PURPUROWY/FIOLETOWY

jeżyny

bakłażany

ciemne winogrona

śliwki

granaty

rodymenia palczasta

O AUTORCE

Louise L. Hay, autorka międzynarodowego bestsellera *Możesz uzdrowić swoje życie,* jest wykładowcą i nauczycielką z metafizyki. Napisała 27 książek, które zostały przetłumaczone na 29 języków. Od przeszło 25 lat Louise pomaga ludziom z różnych zakątków Ziemi odkryć i wykorzystać pełny potencjał sił twórczych, dzięki któremu mogą rozwijać się i uzdrawiać samych siebie. Jest założycielką i właścicielką wydawnictwa Hay House, Inc., które propaguje książki, płyty CD i filmy DVD przyczyniające się do uzdrowienia naszej planety. Więcej informacji znajdziesz na stronie internetowej www.hayhouse.com.

SPIS TREŚCI